HISTOIRE
DE
CHARLES X.

L

HISTOIRE

DE

CHARLES X.

IMPRIMERIE DE CHASSAIGNON,
Rue Gît-le-Cœur, N° 7.

Charles X, Surnommé le Robin des bois.

HISTOIRE

IMPARTIALE ET VÉRIDIQUE

DE CHARLES X,

SURNOMMÉ

LE ROBIN DES BOIS,

PAR UN EX-OFFICIER DE CHASSEURS.

Chasseur diligent,
Quelle ardeur te dévore ?

PARIS,

CHASSAIGNON, IMPRIMEUR-LIBRAIRE

RUE OIT-LE COEUR, N° 7.

1830.

INTRODUCTION.

Oɴ doit la vérité aux morts,
parce que les morts ne peuvent
se défendre, et comme Charles X.
est aujourd'hui mort pour la
France, nous pouvons hautement
et sans partialité aucune écrire
son histoire. Nos compatriotes
verront facilement que notre
plume n'est conduite ni par la
haine pour le gouvernement dé-

chu, ni par amour pour ce même gouvernement, nous dirons le bien partout où il nous semblera avoir existé ; nous dirons avec la même franchise le mal qui aura été.

Tout homme qui écrit l'histoire d'un autre homme ne doit avoir à son égard ni motifs de haine, ni motifs de reconnaissance ; s'il n'est pas totalement désintéressé, il ne pourra pas être véridique, et la véracité est le plus grand mérite d'un historien. Placé par ma position dans la classe indépendante des hommes de lettres qui doivent tout à leur plume et rien aux gouvernans, ceux qui tenaient il y a peu de temps encore les rênes de l'état, ne m'ont jamais fait spécialement ni bien ni mal. J'ai partagé, comme tous mes confrères, les bienfaits des bonnes lois et le désagrément des mauvaises; et comme du reste ces bienfaits et ces désagrémens sont loin, et n'ont laissé sur mon avenir au-cune marque heureuse ni fâcheuse, je ne dois rien aux princes déchus, rien que la vérité, bonne ou mauvaise pour eux, je la révélerai toute entière.

HISTOIRE

IMPARTIALE ET VÉRIDIQUE

DE CHARLES X,

SURNOMMÉ LE ROBIN DES BOIS.

CHAPITRE PREMIER.

JEUNESSE DE CHARLES X.

QUOIQU'EN aient pu dire les flagorneurs de tout soleil levant, la jeunesse de Charles X ne fut digne ni d'un prince, ni d'un honnête homme ; ses mœurs licencieuses et *populassières*, donnant le ton au troupeau de libertins qui l'entouraient, n'ont pas peu contribué à amener la révolution, et surtout à en ensanglanter le caractère. Comme ces mœurs licencieuses du bon vieux temps sont ignorées par bonheur de la génération actuelle, nous ne soulèverons pas le voile qui couvre quelques infamies et beaucoup de turpitudes, familières à la noblesse de cette époque. Nous laisserons cette ancienne noblesse, dont les rangs s'éclaircissent heureusement chaque jour, se vanter de ce qu'elle appelle la galanterie d'autrefois, et nous ne jetterons qu'un coup d'œil sur la jeunesse de Charles X, pour en grouper les circonstances historiques dans une esquisse aussi exacte que rapide.

Nos bons aïeux, dont, sous le règne qui vient de disparaître, on nous vantait si fort la courtoisie et les mœurs, étaient cependant de drôles de gens, dont nous ne donnerions certainement pas aujourd'hui l'exemple à suivre à nos enfans.

C'était une gloire, vers la fin du dernier siècle, de passer pour un roué; et un comte, un marquis, un duc qui n'avait déshonoré qu'une fille d'artisan dans le cours d'un mois, passait pour un maladroit. Ce reproche ne fut jamais adressé au comte d'Artois, et la quantité des victimes de ses débauches fit plus d'une fois envie aux jeunes seigneurs de cette cour licencieuse. Le peuple criait bien un peu, il est vrai; mais, sous le règne heureux des Bastilles et des lettres de cachet, il est si facile à un roi d'étouffer le cri des infortunés!

Ainsi s'écoula la jeunesse du futur Charles X, né à Versailles, le 9 octobre 1757, et marié en 1773, à Marie-Thérèse de Savoie. Les arts, les lettres, ces délassemens de tout homme qui pense, qui raisonne, n'eurent jamais le moindre attrait pour lui; les plaisirs bruyans, scandaleux étaient les seuls qui eussent le don de lui plaire ; et par malheur pour le prince et surtout pour la France, la main de Louis XVI était beaucoup trop faible pour arrêter les débordemens d'un pareil fou.

La chronique scandaleuse de la révolution a prétendu que le comte d'Artois avait poussé l'infamie jusqu'à souiller la couche de son frère. De nos jours même, une femme, moitié folle, moitié aventurière, a paru en France sous le titre de veuve d'un prince Persan, et se prétendant fille naturelle de Marie-Antoinette et de Charles. La pudeur se refuse à croire à des horreurs pareilles. Marie-Antoinette fut une femme étourdie, inconsidérée, dont les folies ont failli perdre la France; mais il n'y avait rien de vil, rien de bas dans son caractère, et jamais une pareille accusation ne flétrira la palme de son martyre.

Ce qui a pu donner lieu à ces

bruits calomnieux, ce fut l'intimité publique et déhontée qui régna entre le comte d'Artois et madame de Polignac; cette femme impudente et impudique avait réussi à capter la confiance de la reine, et ce fut l'abus de cet ascendant perfide à qui l'on dut en grande partie tous les malheurs de la révolution.

Vieux à la fleur de l'âge, blasé sur tous les plaisirs, ennuyé de sa personne, et surtout ennuyant les autres, tel était en 89 le prince à qui la flagornerie des courtisans a décerné depuis le titre de modèle des chevaliers français. Ajoutons à l'énumération de ses qualités une dose de poltronnerie invincible qui l'empêcha de tirer l'épée du fourreau, même quand les belliqueux émigrés avaient tous mis la rapière au vent.

Ce fut cette dose de poltronnerie qui força la *fleur* des chevaliers français à quitter la France peu de temps après la prise de la Bastille (14 juillet). Nous devons dire toutefois qu'il ne fut pas le seul que l'on vit si promptement céder à cette terreur panique ; le comte de Provence lui - même (depuis Louis XVIII) n'en fut pas exempt, et les deux frères partirent à une année de distance l'un de l'autre.

On a prétendu que, vû l'effervescence générale qui régnait alors dans notre malheureuse patrie, les princes avaient très-bien fait d'émigrer. Jamais un bon Français ne partagera cette opinion : les lâches fuient, les braves restent à leur poste, et ne s'occupent point du danger, du moment qu'ils font leur devoir.

Quoi qu'il en soit, l'émigration devint une maladie à la mode. Le premier rassemblement se fit à

Worms; on n'était encore qu'une cinquantaine de nobles rangés autour des princes, dont l'un (le comte d'Artois) arrivait de Sardaigne et l'autre de France. Quelque petit que fût ce rassemblement, il ne doutait nullement de reconquérir la France ; mais bientôt le nombre des arrivans s'accrut d'une manière prodigieuse. Les princes quittèrent Worms, que l'on trouvait alors trop bourgeois, et Coblentz devint le lieu par excellence.

Nous ne nous attacherons pas à signaler tous les ridicules de cette espèce de croisade, prêchée principalement par des fanatiques en jupons, que le ciel avait à coup sûr fait naître pour se livrer à de plus doux passe-temps. Il arrivait là des gens rouges de colère pour les causes les plus frivoles : on s'était moqué des tourelles de l'un ; on avait tiré sur les lièvres de l'autre ; de là, motif d'émigration et de haine contre les scélérats de républicains qui se permettaient de pareilles choses, et mille autres niaiseries de la même force.

Cependant, malgré les instances, les lettres et les envoyés qui se rendaient aux cours des différens monarques du Nord, de la part des princes Français, rien n'arrivait à Coblentz, ni troupes, ni armes, ni secours. Les frères de Louis XVI sentirent à la fin que l'on n'est jamais si bien servi que lorsque l'on se sert soi-même, et tous deux se mirent en route pour aller stimuler les souverains qui n'avaient pas l'air très-pressé de leur rendre service.

Leur présence fit en effet beaucoup plus que leurs paroles et leurs ambassades. Les rois parurent vouloir sortir enfin de leur longue léthargie, et mettre sérieusement

la main à la pâte ; ce fut à Pil-
nitz qu'ils contractèrent cette fameuse union, qui depuis a reçu le
titre de Sainte-Alliance. Voici une
partie du texte de cet ancien
traité :

« LL. MM. l'empereur et le roi
» de Prusse, ayant entendu les de-
» sirs et les représentations de
» *Monsieur* et de monseigneur le
» comte d'Artois, déclarent con-
» jointement qu'elles regardent la
» situation où se trouve le roi de
» France comme un objet d'inté-
» rêt commun à tous les souverains
» de l'Europe ; elles espèrent que
» cet intérêt ne peut manquer
» d'être reconnu par les puissances
» dont les secours sont réclamés,
» et qu'en conséquence elles ne
» refuseront pas d'employer, con-
» jointement avec leurs dites Ma-
» jestés, les moyens les plus effica-
» ces, relativement à leurs for-
» ces, pour mettre le roi de France

» en état de donner en parfaite li-
» berté, les bases d'un gouverne-
» ment monarchique, également
» convenable aux droits des souve-
» rains et au bien-être de la noblesse
» française. Alors, et dans ce cas ,
» Leurs dites Majestés, l'empereur
» et le roi de Prusse, sont résolues
» d'agir promptement, d'un mu-
» tuel accord, avec les forces né-
» cessaires , pour obtenir le but
» proposé en commun. En atten-
» dant , elles donneront à leurs
» troupes les ordres convenables
» pour qu'elles soient à portée de
» se mettre en activité. »

Ainsi donc, le prince avait réussi dans ses négociations, du moins il le croyait. Il ne savait pas que rien n'est si peu solide que la parole des rois. Les puissances qui n'avaient pas été consultées lors de la prise de cette détermination, firent un bruit épouvantable, et la cour de Vienne, qui tenait beaucoup plus à ses

propres intérêts qu'à ceux des princes de France, fit semblant d'ê-
tre forcée d'approuver les réclama-
tions de ses grands feudataires, et
toutes les promesses qu'elle avait
faites aboutirent à.....zéro.

Ce fut alors , qu'en France ,
Louis XVI ayant accepté , juré et
signé la constitution , envoya à ses
frères un décret par lequel étaient
déclarés ennemis de l'état, tous les
Français qui ne seraient pas ren-
trés dans leur patrie avant le premier janvier 1792. Les princes, qui
se trouvaient alors à Coblentz, ne
jugèrent pas convenable d'obéir à
ce décret. Ils trouvaient plus noble,
sans doute, de rentrer dans leur
pays les armes à la main; telle a
toujours été leur façon de penser,
et tel a été le principal motif de
la haine et du mépris que leur a
montrés si souvent la France.

Après la malheureuse issue de

l'incursion en Champagne , les princes se retirèrent en Westphalie, où ils apprirent la mort funeste de Louis XVI. Alors, nommé par Louis XVIII lieutenant-général d'un royaume où il n'eût pu mettre le pied sans être condamné à mort, Charles partit pour la Russie, où il espérait obtenir l'intervention de Catherine II. Cette princesse fit absolument comme l'empereur d'Autriche ; elle reçut le prince avec beaucoup d'égards, s'engagea à fournir 20,000 hommes, que l'Angleterre devait solder et débarquer sur les côtes de France, et, toujours comme l'empereur d'Autriche, elle n'envoya rien.

Alors le comte d'Artois , lassé de ne faire que de l'eau claire , et ne se souciant pas de se battre lui-même, se mit à voyager pour sa santé ; il quitta Ham, passa en Angleterre , s'embarqua à Villedieu et débarqua en Vendée. Son arrivée ranima les chefs ; mais Son Altesse n'ayant fait que paraître et disparaître , les chouans déconcertés , privés de secours, et diminués de moitié , lui envoyèrent des bénédictions tant et plus de l'autre côté du canal.

De retour en Angleterre , il alla résider à Edimbourg ; puis, ne se trouvant pas bien là , il quitta l'Ecosse en 1799 , et se rendit en Suisse , pour visiter l'armée de Condé qui, réunie aux Russes, bataillait comme elle pouvait , et faisait des progrès à la manière des écrevisses. Enfin, battu , repoussé partout, voyant même s'éteindre sous ses yeux l'incendie allumé dans la Vendée, force lui fut de prendre décidément son parti, et il alla se fixer au château d'Hartwel , dont Louis XVIII venait de faire l'acquisition.

Ce fut là que , pendant de longues années, tous deux essayèrent d'étouffer leurs ennuis, Louis se persuadant qu'il régnait toujours sur la France, par la grâce de Dieu, et Charles, en allant à la chasse et en débauchant les petites filles des environs d'Hartwel; digne occupation pour un prince surnommé *la fleur des chevaliers français.*

CHAPITRE II.

HISTOIRE GÉNÉRALE DES DEUX RESTAURATIONS.

Napoléon, depuis son avénement au trône, avait joui constamment et sans nuage de la confiance, de l'amour et de l'admiration des Français. La guerre d'Espagne fut décidée, et la multitude, qui juge souvent des actions par les résultats, ne vit dans cette guerre qu'une agression injuste et un odieux attentat. Des murmures se firent entendre, et l'empereur, en butte aux reproches de la nation, fut accusé de sacrifier à son ambition vaine et coupable le sang et les trésors de la France.

La guerre de Russie, commencée par de brillans succès, se termina par une catastrophe sans exemple dans les fastes du monde.

L'empereur, de retour à Paris, crut devoir montrer la contenance d'un homme ferme, au-dessus du malheur. Cette fermeté fut prise pour la froideur d'une âme insensible ; elle aigrit les cœurs au lieu de les rassurer. Partout éclatèrent de nouveaux murmures, de nouvelles marques d'indignation. Cependant, tel était encore le prestige qui entourait *l'homme* du destin, qu'à sa voix des armées formidables surgirent tout-à-coup du sol de la patrie, et coururent en Allemagne arrêter la marche des barbares du Nord.

Mais le temps des triomphes était passé. La trahison des Saxons à Leipsick démoralisa notre armée ; nos soldats, autrefois si pleins de force et de dévoûment, ne furent plus que des hommes flétris par les fatigues, le découragement et la misère. L'abattement s'empara de toutes les âmes, et l'on n'entendit plus que des imprécations contre l'instigateur de la mort de tant de braves ; la popularité de Napoléon se ternit, et faillit disparaître totalement.

Tant que la victoire avait couronné ses armes, les Français avaient applaudi à ses audacieuses entreprises ; ils avaient vanté la profondeur de sa politique, exalté son génie. Dès qu'il fut malheureux, l'opinion changea : son génie ne fut plus que de l'ambition, sa politique de la mauvaise foi, son audace de l'imprévoyance et de la folie.

Mais lui que n'abattait point l'infortune ni l'injustice, rassembla les faibles restes de son armée, et s'étant mis à leur tête, il partit en annonçant qu'il allait vaincre ou périr.

Ni l'heure de la victoire, ni celle du trépas n'étaient arrivées. En vain il fit des prodiges ; l'énergie nationale était épuisée ; on était arrivé à cette extrémité fatale aux princes, où l'âme découragée du peuple reste insensible à leurs dangers, et les abandonne à leur destin.

Tel fut le sort de Napoléon ; il en était arrivé au point d'être réduit, par l'inertie publique, à ne pouvoir plus faire ni la paix ni la guerre.

Ce fut alors qu'il déposa la couronne.

Paris, à peine revenu de la première frayeur que lui avait inspirée les bandes indisciplinées de la Russie, fit éclater la joie la plus vive. Les départemens envahis, et ceux

qui craignaient de l'être, détour-
nèrent les yeux de celui qui les
gouvernait depuis douze ans, et
furent moins sensibles à sa chute
qu'au bonheur d'avoir évité le pil-
lage et la dévastation..Chacuntour
na ses regards vers la paix, etresta
pour ainsi dire, indifférent sur le
choixdu souverain, pouvu que cette
paix lui fût solidement garantie.

Ce fut alors qu'eut lieu ce que
l'on a depuis appelé la conspira-
tion des mouchoirs de poche. Quelques royalistes zélés parcoururent
la capitale étonnée, en criant :
Vive le roi! vivent les Bourbous! et
en agitant des mouchoirs blancs,
pour figurer le drapeau sans tache;
le peuple, étonné de ces cris nouveaux pour son oreille, les laissa
faire ; les sénateurs qui étaient
pressés de savoir par qui leurs appointemens seraient payés, se ras-
blèrent à la hâte, déclarèrent la
déchéance de Napoléon , appelè-

rent au trône le frère de Louis XVI ; et voilà ce qu'on appela une famille rappelée par l'assentiment général de la nation française.

Toutefois, si le peuple ne manifesta pas un grand enthousiasme, il ne déploya pas non plus une opposition bien évidente, parce que le rappel de Louis lui paraissait être le gage de la paix, et que la paix était, avant tout, le premier vœu de la France.

D'un autre côté les Bourbons, sagement conseillés alors, s'étaient empressés de combattre par des proclamations les répugnances et les craintes que leur retour inspirait. — Nous garantissons, disaient-ils, à l'armée, ses grades, ses honneurs, ses récompenses ; aux magistrats, aux fonctionnaires, la conservation de leurs emplois et de leurs distinctions ; aux citoyens, l'oubli du passé, le respect de leurs droits, de leurs propriétés, de leurs institutions.

Les Français, faciles à abuser, crurent à de si belles promesses; on avait surtout plus de confiance en Louis XVIII qu'en son frère, dont les fredaines n'étaient pas encore tout-à-fait oubliées : on savait que l'exilé d'Hartwel, homme de beaucoup d'esprit, avait profité des leçons du malheur; on citait partout sa bonté, sa sagesse et ses lumières. La Charte de Saint-Ouen fit concevoir au peuple français les plus douces espérances, et le règne des Bourbons recommença sous les plus heureux auspices.

Le comte d'Artois fut pour beaucoup, nous devons le dire, dans cette disposition favorable des esprits. Chargé par son frère d'aller applanir le chemin du trône, il joua son rôle avec une habileté que, malheureusement pour lui, il ne sut pas conserver par la suite.

Entré à Bordeaux avec les troupes anglaises, commandées par Wellington, il fut parfaitement bien reçu par les habitans, fatigués, comme tant d'autres, des guerres sans cesse renaissantes auxquelles nous étions condamnés depuis vingt ans; on donna au mandataire de Louis des fêtes et des bals un peu précoces, puisque le sang français coulait encore, et l'avenir s'embellit d'un voile de rose.

Quelques regrets, quelques doutes venaient-ils interrompre ce concert d'espoir et de confiance? ils étaient aussitôt combattus, repoussés au nom de la patrie, au nom même de Napoléon, puisque lui-même avait dit à ses braves : *Soyez fidèles au nouveau roi de*

France ; ne déchirez point cette chère patrie si long-temps malheureuse.

Voyons maintenant comment gouverna la famille des Bourbons? Malgré les mille et une promesses faites à la France, quand l'heure fut venue de toucher à l'armée, à l'administration, à la magistrature, l'orgueil, l'ambition, l'esprit de parti se réveillèrent, et l'amour de soi-même l'emporta sur la vérité.

Les émigrés, qui, depuis vingt-cinq ans, avaient traîné chez l'étranger une vie importune dans une honteuse et lâche oisiveté, ne pouvaient se dissimuler qu'ils n'avaient ni les talens ni l'expérience des hommes de la révolution ; mais ils se figurèrent que la noblesse devait, comme autrefois, suppléer au mérite, et que leurs parchemins étaient des titres suffisans pour les autoriser à prétendre, de nouveau, à la possession exclusive de toutes les places.

Les hommes de la révolution, les nationaux, se reposaient avec complaisance sur la légitimité de leurs droits, sur les promesses royales. Les anciens privilégiés, loin de leur donner de l'ombrage, n'étaient pour eux qu'un sujet d'innocentes plaisanteries. Ils s'amusaient de la tournure grotesque des uns, de la fatuité surannée des autres. Comment supposer que de prétendus militaires, dont l'épée, encore vierge, s'était rouillée paisiblement dans le fourreau, disputeraient à nos généraux le commandement des armées ; et que des nobles, vieillis dans l'ignorance, aspireraient à l'administration de l'État!

Mais, à défaut de mérite et de valeur, ils avaient un immense avantage, celui d'occuper les avenues du trône. L'on ne tarda point à s'apercevoir à leur arrogance qu'ils en avaient habilement profité, et l'on prévit, non sans amertume, que les vieux préjugés, les préventions haineuses, les anciennes affections, l'emporteraient tôt ou tard sur la justice et l'impartialité si hautement proclamées.

En effet les émigrés, déjà fiers de l'avenir, ne traitaient plus leurs rivaux qu'avec hauteur et mépris. La vue des cicatrices de nos braves ne leur permettait pas d'oser les insulter en face; mais les femmes de l'ancien régime, exemptes de la crainte qui retenait encore leurs maris, s'abandonnèrent sans ménagement à toute la fougue de leur haine et de leur orgueil; elles insultèrent les femmes nouvellement titrées; et celles de ces dernières, que le rang de leurs maris forçait d'aller à la cour, n'y arrivaient qu'en tremblant, et n'en sortaient qu'en larmes.

Un pareil état de choses ne pouvait pas durer; les nationaux, inquiets, jaloux, mécontens, invoquèrent avec confiance les promesses du roi : ils ne furent point écoutés, et le gouvernement repoussa leurs plaintes.

La marche rétrograde vers l'ancien régime était prise, et la France nouvelle put bientôt s'apercevoir qu'on voulait la ramener, de gré ou de force, sous l'empire absolu de l'ancienne monarchie.

Le choix des hommes du ministère vint encore ajouter aux craintes de la nation. On vit avec chagrin que les efforts d'une poignée d'insensés allaient replonger la France dans les horreurs d'une guerre civile, et les cœurs se retirèrent de la famille royale.

Au lieu de chercher à regagner la faveur publique, le ministère sembla prendre à tâche de faire fautes sur fautes, afin de se l'aliéner encore davantage. On éloigna les soldats de la garde impériale, dont le trop de gloire offusquait les émigrés ; on les désorganisa, on introduisit dans leurs rangs des officiers inconnus ; on les dégoûta du service à force de manœuvres et de revues perpétuelles ; on les humilia en les forçant à porter les armes aux gardes-du-corps, et ce n'est jamais en vain qu'on humilia l'amour-propre des Français.

On traita nos vieux soldats de brigands et de rebelles, tandis qu'on prodiguait l'or aux chouans et aux traîtres.

On dépouilla la légion-d'honneur et on ennoblit la famille de Georges Cadoudal ; on chassa les filles des membres de la légion-d'honneur de l'asile que Napoléon leur avait fondé ; on supprima les écoles de Saint-Cyr et de Saint-Germain ; on enleva aux fonctionnaires leurs places et leur fortune, on expulsa les juges de leurs siéges ; on insulta, du haut de la chaire et même à la tribune, les acquéreurs de biens nationaux ; on rétablit les processions, pendant lesquelles les prêtres firent plier le genou sous peine de coups de baïonnettes ; on refusa la sépulture, surtout aux comédiens, et notamment à mademoiselle Raucourt ; on paralysa la liberté de la presse au moyen de la censure, et en soutenant impudemment, au sein de la chambre des députés, que *prévenir* et *réprimer* étaient parfaitement synonymes. Enfin on poussa l'audace jusqu'à fermer les yeux sur les projets des Chouans, qui se vantaient de n'attendre qu'un instant favorable

pour exterminer tous les Bonapartistes.

Tant de sottises, d'impudence,
d'outrages, de bassesse, devaient
nécessairement avoir de fatals résultats pour la dynastie royale.
Napoléon reparut, et cette foule
d'émigrés et de Vendéens, qui pe-
sait si lourdement sur la France,
n'eut pas même la force de se défendre, et s'éclipsa comme les
nuages du matin aux premiers
rayons du soleil.

L'histoire dira par quelle espèce
de prodige une poignée d'hommes, débarqués sur un des points
de la France les plus éloignés de
la capitale, franchit en vingt
jours, sans combats, sans résistance, ce large intervalle, et pénétra dans Paris sans qu'il eût été
nécessaire de tirer un seul coup
de fusil.

C'était beaucoup pour Napoléon d'être rentré dans ce palais, qui avait été quinze ans l'asile de la gloire, mais ce n'était pas tout encore; l'orage grondait dans le Nord; il fallait le détourner ou le briser à coups de canon : le détourner fut impossible. Napoléon avait blessé trop de fois l'orgueil des souverains, pour qu'ils voulussent jamais s'exposer à lui voir reprendre ses forces primitives; il fallut donc recourir au canon : des préparatifs immenses furent faits de part et d'autre. L'Europe se hérissa d'armes, et chacun attendit en frémissant le résultat de cette terrible lutte. Ce résultat fut aussi prompt qu'effrayant. Le 16 juin, la campagne fut ouverte par deux de ces journées brillantes, jadis si familières à nos braves, et le 18 eut lieu la bataille de Waterloo.

Waterloo, ce nom dit tout.

Louis XVIII, sa famille, ses favoris, ses Vendéens, rentrèrent à la suite des armées anglaises. Napoléon, prisonnier de l'Angleterre, alla mourir sur le rocher de Sainte-Hélène, et la pauvre France, envahie, déchirée, morcelée, pillée et même assassinée, fut encore obligée de courber sa tête.

CHAPITRE III.

LE COMTE D'ARTOIS SOUS LES DEUX
RESTAURATIONS.

JETONS maintenant un coup-d'œil rapide et impartial sur la conduite du futur Charles X, pendant le cours de ces deux restaurations.

Quand, en 1814, les troupes étrangères, en envahissant la France, ébranlèrent le trône de Napoléon, le comte d'Artois, d'après les ordres de son frère, passa en Espagne, et vint se placer au quartier-général de Wellington, qui, petit à petit, repoussa les soldats français, restés dans la pé-

ninsule, jusqu'au-delà des fron-
tières de notre malheureuse patrie.

Ainsi, par la protection des baïonnettes étrangères, il pénétra jusqu'à Bordeaux, où, grâces au soin du maire (M. Lynch), et à la fatigue que l'on éprouvait de tant de guerres sanglantes, il fut par-faitement accueilli.

De Bordeaux il prit la route de la Capitale. Napoléon avait abdi-qué : rien n'entravait la marche des Bourbons; toutefois l'enthousiasme de Bordeaux ne le suivit pas par-tout sur son passage. Il arriva à Paris; le 12 avril, le sénat lui re-mit l'autorité en qualité de lieute-nant-général du royaume, en l'ab-sence de son frère; et les autorités municipales étant venues le féliciter sur son retour, il leur répondit : *Il n'y a rien de changé en France; je n'y vois qu'un Français de plus.*

Ces paroles, que les royalistes ont

trouvées charmantes, n'avaient pas le sens commun : comparer la France de 1814 à celle de 1789, c'était une sottise, si ce n'était pas un outrage. Vainement on avait multiplié les canaux, triplé les routes, décuplé les ponts, embelli les villes, fondé des écoles, créé des ports et des chantiers, rempli nos musées, élevé des milliers de monumens ; Son Altesse Royale ne trouvait rien de changé en France; elle n'y voyait qu'un Français de plus ! quel Français, bon Dieu ! -

Parlez-moi des paroles suivantes proférées dans une autre circonstance : «Oublions le passé, ne portons nos regards que sur l'avenir; que les cœurs se réunissent pour travailler à réparer les maux de la patrie. Ces paroles sont belles, très-belles même ; mais pourquoi les actions du comte d'Artois sont-elles si diamétralement opposées à ce langage?

Pourquoi fut-il un de ceux que,

dès la première année de la res-
tauration, la Charte offusqua davantage ? pourquoi couvrit - il du
manteau de sa protection les ministres imprudens qui sapaient chaque jour les fondations du seul acte
peut-être qui attachâ' la France à
son roi ? pourquoi Louis, pour se
débarrasser de ses remontrances,
toujours hostiles à ce sujet, fut-il
obligé mainte fois de lui fermer les
portes de son salon, et même de
l'envoyer un jour faire une prome-
nade dans les départemens? pourquoi? parce que, de cœur et d'âme,
le comte d'Artois était le premier
Émigré du royaume, et que, pendant un long exil de vingt-cinq ans,
il n'avait rien appris ni rien oublié.

Cette dissidence si marquée entre
les opinions des deux frères s'effaça
momentanément, quand le retour
de Napoléon sur le sol français vint
faire chanceler le trône royal.

Cette nouvelle frappa d'étonnement tous les partis. Louis XVIII fut inquiet ; le comte d'Artois haussa les épaules, et répéta comme un perroquet ce que lui avaient dit quelques-uns de ses courtisans, qui regrettaient qu'il n'y eût pas assez de danger pour donner au moins quelque prix à leur dévouement.

Les émigrés se mirent à rire de pitié, mais trois jours après survinrent d'autres nouvelles, et le comte d'Artois, le duc d'Orléans et le maréchal Macdonald partirent précipitamment pour Lyon.

Arrivé dans cette ville, le comte d'Artois voulut faire couper les ponts ; la ville s'y opposa. Les troupes, dont il crut acheter le dévoûment, restèrent sourdes à sa voix, à ses prières ainsi qu'à ses promesses d'argent et de récompenses. Passant devant le 13ᵉ régiment de dragons, il dit à un brave, que des cicatrices et trois chevrons décoraient : Allons, mon camarade, crie donc vive le roi ! — Non, monsieur, répondit le brave dragon , aucun soldat ne combattra contre son père ; je ne puis vous répondre qu'en disant vive l'empereur ! » Confus et désespéré, Charles s'écria avec l'accent de la douleur : « Tout est perdu ! » et en effet, à dater de ce moment , tout était perdu.

Macdonald voulut faire de la résistance, établir des barricades sur le pont de la Guillotière, mais à l'arrivée des hussards de Napoléon, le peuple bouleversa tout, et Macdonald fut obligé de se retirer.

Le comte d'Artois s'appercevant qu'il était vu d'un aussi mauvais œil, quitta Lyon , escorté par un détachement du 13e dragons, commandé par le lieutenant Marchebout ; les troupes le laissèrent passer, et il ne courut aucun risque.

Quant aux nobles qui composaient la garde nationale à cheval, et qui, la veille, avaient juré de mourir pour lui, tous l'abandonnèrent, à l'exception d'un seul qui resta fidèlement attaché à son escorte, jusqu'au moment où sa personne et sa liberté lui parurent hors de danger(1).

Le retour du comte d'Artois à Paris fit pressentir le dénouement qui s'apprêtait. Louis tenta une dernière épreuve ; il se rendit à la chambre des députés, dans l'espoir d'affermir le courage, et de confirmer sa ferme résolution de maintenir la Charte, que ses ministres avaient si effrontément violée. Ayant appris que le peuple avait

____

(1) Napoléon qui entra dans la ville une heure après, ayant appris la conduite de ce brave Lyonnais, s'écria : « Je n'ai jamais laissé une belle » action sans récompense ! » et il le nomma membre de la Légion d'Honneur.

murmuré plus d'une fois contre le comte d'Artois qui, jusqu'alors, avait gardé sur cette Charte un dédaigneux silence, en s'abstenant de la jurer, le roi législateur lui ordonna de l'accompagner à la chambre, pour y réparer publiquement ce que l'on pouvait appeler ses sottises.

Cette séance, nous devons le dire, fût une des plus brillantes de la chambre des députés. Louis XVIII y prononça un discours qui émut profondément toute l'assemblée ; on éprouvait un sentiment pénible en voyant ce noble vieillard, à la veille de prendre encore, à la fin de sa carrière, le cruel chemin de l'exil.

Le comte d'Artois, alors, se leva et prononça ces paroles : « Sire, je sais que je m'écarte ici des règles ordinaires en parlant de Votre Majesté ; mais je la supplie de m'excuser et de permettre que j'exprime ici, en mon nom et en celui de ma famille, combien nous partageons du fond du cœur les sentimens et les principes qui animent Votre Majesté. »

Puis, se tournant vers l'assemblée, il ajouta en levant la main : « Nous jurons sur l'honneur de vivre et de mourir fidèles à notre roi et à la Charte constitutionnelle, qui assure le bonheur des Français ! »

Qu'a-t-il fait de ce serment....!

Ces protestations tardives ne pouvaient plus retarder la chute d'un trône dont la déloyauté des ministres, et l'opiniâtreté du comte d'Artois avaient si profondément sappé les bases.

En vain les mots de patrie, de liberté se retrouvaient-ils dans toutes les constitutions, dans tous les discours, dans toutes les proclamations. En vain promettait-on sollennellement que la France, dès qu'elle serait délivrée, recevrait toutes les garanties réclamées par le vœu public, et que la presse recouvrerait son ancienne liberté. En vain offrait-on de rendre à la Légion-d'Honneur le lustre et les prérogatives dont elle avait été dépouillée ; il n'était plus temps.

On eût pu se fier peut-être à Louis, mais le comte d'Artois devait régner après lui, et le comte d'Artois s'était fait connaître ; le peuple ne voulut pas y être pris deux fois de sa propre volonté.

L'instant de la crise approchait. Les légions de la garde nationale furent passées en revue par leur colonel-général, *Monsieur* ; il leur parla de la Charte, de la tyrannie de Bonaparte ; il leur annonça qu'il marcherait à leur tête, et termina en s'écriant : « Que ceux qui aiment le roi sortent des rangs ! » A

peine vit-on sortir deux cents hommes,...... La cause royale était per-
due pour la seconde fois.

Napoléon était à Fontainebleau ;
il fallut partir. Louis, infirme et
goutteux, était hors d'état de se
défendre ; son frère n'en eut pas le
courage. Le duc de Berry ne voulut
pas les quitter, pour leur servir
d'escorte. Le duc et la duchesse
d'Angoulême allèrent faire la petite guerre dans le midi : et notons,
comme un fait historique et cer-
tain, que le seul de tous les Bourbons, auquel la majeure partie des
Français témoigna une pitié respectueuse , fut Louis, que l'on
n'avait jamais confondu avec sa famille ; et les bonapartistes eux-mê-
mes firent des vœux sincères pour
que sa fuite fût exempte de troubles
et de dangers.

Le monarque déchu, retiré à
Gand, retrouva dans sa petite cour

les mêmes bassesses, le même aveuglement, là même sottise qu'à Paris ; le malheur n'avait corrigé personne, pas même son frère.

Les désastres de Waterloo ouvrirent encore à la famille royale les portes de la France. Toujours brave comme un César, *Monsieur* fut encore un des premiers à rentrer..... après les Anglais. La France humiliée, trahie, vendue, restait sans force et sans courage ; en vain quelques représentans courageux protestèrent contre les baïonnettes, les Prussiens ouvrirent poliment aux Bourbons les portes de leurs royales demeures, et cette famille expirante de faiblesse et d'années, qui d'elle-même avait déjà glissé deux fois du trône, y remonta pour la troisième fois.

CHAPITRE IV.

LE COMTE D'ARTOIS SOUS LE RÈGNE DE LOUIS XVIII.

Ce n'est point le règne de Louis XVIII que nous écrivons, c'est celui de son successeur, et pour un cœur français la tâche n'est pas aussi agréable; mais enfin, agréable ou non, nous devons la remplir, et nous la remplirons tout en certifiant que nous n'eussions jamais eu ce courage si ce règne enfin terminé n'eut pas été du domaine de l'histoire, et si le bonheur dont nous jouissons aujourd'hui n'était pas la meilleure consolation que nous puissions éprouver en passant en revue les crimes et les sottises du dernier Bourbon qui a régné sur la France.

Disons en peu de mots que presque jusqu'aux derniers momens de sa vie, Louis XVIII défendit pied à pied le terrain de la Charte contre tous ceux qui l'entouraient; on créa pour l'effrayer conspirations sur conspirations, dangers sur dangers, émeutes sur émeutes : il laissa les tribunaux poursuivre sans s'émouvoir davantage, et ce ne fut que lorsque la maladie eut enfin totalement affaibli les facultés intellectuelles du noble législateur, que les émigrés et les jésuites parvinrent à lui arracher des mesures éminemment violatrices du pacte sacré contracté par lui envers les Français; et quand il descendit dans la tombe, le 16 octobre 1824, il sembla qu'il y entraînait avec lui nos dernières libertés, et il n'emporta les regrets que de quelques mortels dignes de leur pays qui,

admis dans son intimité, avaient
été à même d'apprécier les intentions libérales et bienfaisantes de
ce monarque législateur.

Or, pendant les neuf années qui
venaient de s'écouler, quel rôle joua
le comte d'Artois à la cour de
France? Un rôle tout-à-fait nul.
Louis qui connaissait parfaitement
son frère, et qui savait son incu-
rable incapacité, ne l'admettait en
rien dans le gouvernement des affaires. Quand le futur souverain
voulait donner son avis qu'on ne
lui demandait pas, sa Majesté, qui
n'était pas de bonne humeur tous
les jours, envoyait promener son
auguste frère; et comme la chose
arrivait très-fréquemment, c'est à
force de se promener ainsi que son
altesse royale prit la passion de la
chasse.

Ce fut bien pis quand l'auteur
de la Charte eut connaissance de
la note secrète ; cette note, adres-

sée aux souverains étrangers, les priait d'envahir une troisième fois la France, pour en chasser un roi qui se permettait de vouloir régner constitutionnellement, un roi qui ne menait pas son peuple à coups de bâton, un roi qui mettait tant qu'il pouvait un frein aux envahissemens effrénés de la prêtraille, et qui ne dépouillait pas les Français de leurs places et de leurs dignités pour les donner aux gothiques compagnons de son exil, etc., etc., sans compter d'autres motifs de la même force; ce qui prouve combien l'ancienne noblesse était devenue sotte et enragée. Louis, à l'aspect de ce tissu de lâchetés et de turpitudes, devint furieux, et quand il vit que son frère avait eu la platitude de signer ce libelle infâme, il envoya son frère se promener dans les départemens l'un après l'autre, jusqu'à ce qu'il eût fait sa tournée complette.

Un autre que Charles eût été affecté d'une pareille punition infli-
gée à l'héritier de la couronne à la
face de la France entière ; Charles,
toujours sans âme, partit gaîment,
le fusil à la main, et s'en alla de
bois en bois, de forêt en forêt, de
ville en ville, tourmentant à la fois le
gibier de la France et les plates autorités des départemens qui jon-
chaient sa route de fleurs, lui pro-
diguaient les arcs de triomphe et
les couronnes, sans qu'il se trouvât
un préfet ou même un maire qui
eût assez de pudeur ou de courage
pour lui tourner le dos en signe
d'un mépris qu'il avait si bien mé-
rité.

CHAPITRE V.

AVÉNEMENT DE CHARLES X AU TRONE.

Enfin, le 16 septembre 1824, on entendit résonner ces mots qui semblaient nous reporter aux siècles les plus reculés : *le roi est mort, vive le roi!* et le comte d'Artois monta sur le trône sous le nom de Charles X, nom de mauvais augure en ce qu'il se rapprochait beaucoup trop de celui de Charles IX.

Ce mauvais augure parut se démentir à l'avénement au trône : Louis XVIII était mort sans avoir révoqué la censure, et ce fut le premier soin de Charles ; un aussi heureux début appela à lui le cœur d'un grand nombre de Français qui ne demandaient que la paix et le commerce, et plus les derniers jours de l'existence de Louis XVIII avaient été des jours pénibles pour la France, plus les premiers momens du règne de son frère semblèrent nous promettre des années de sagesse et de bonheur.

Il a été un peu débauché dans sa jeunesse, disait-on, ce n'est pas un homme à prêtres; il s'opposera aux envahissemens du clergé, il chassera les jésuites; voilà ce que l'on se répétait de toutes parts.

Quelques mots heureux: *point de hallebardes; tiens, prends ma croix; laissez entrer tout le monde; les malades sont mes premiers enfans*, quelques marques bien entendues d'aménité populaire firent renaître le sourire sur tous les visages. Pauvre peuple! combien il est facile de se faire aimer de toi! pourquoi donc

les monarques ne le veulent-ils pas
plus souvent.

Les gens peu éclairés applaudis-
saient aux premiers pas d'un souverain qui semblait vouloir marcher franchement dans les voies
constitutionnelles ; mais les vieux
routiers libéraux, qui connaissent
l'hypocrisie habituelle des rois et
qui se rappelaient surtout les anté-
cédens de Charles, hochaient la tête,
et se disaient l'un à l'autre : « Pourquoi a-t-on maintenu au ministère
trois hommes chargés de la haine
et du mépris public? Tant que Vil-
lèle, Corbière et Peyronnet seront
assis sur les marches du trône, il n'y
a rien de bon à espérer.

En effet, bientôt Charles com-
mença le cours de ses nombreuses
extravagances. Louis XVIII, dont
l'esprit s'était élevé à la hauteur du
siècle, avait laissé dormir la sainte
ampoule, si miraculeusement re-
trouvée pour lui; il avait prié l'ar-

chevêque de Reims de manger tranquillement du pain-d'épice, sans s'inquiéter si le front royal avait reçu ou non les saintes huiles. Charles n'eut pas cette force d'esprit : il s'imagina qu'il ne serait vraiment roi que lorsque le pape lui aurait donné la permission de l'être, en se faisant barbouiller de l'oint sacré par la main d'un domestique crossé et mitré : cette cérémonie, ou plutôt cette parade, fut jouée avec un luxe effronté qui la rendit plus ridicule encore ; et tel fut l'effet heureux de la sainte ampoule, qu'à partir de ce moment, le faible roi marcha de sottises en sottises jusqu'à celle qui lui coûta la couronne.

Voici à peu près la manière dont on pourrait écrire l'histoire des six années que régna ce roi fainéant.

Le roi va à la messe, fait semblant de travailler avec ses ministres, part pour la chasse, tue des lapins, des perdrix, etc...., revient de la chasse, dîne, le soir fait sa partie de wisk, se couche, dort, et recommence le lendemain.

C'est bien là l'histoire de tout ce qu'il a fait, à çà près de deux voyages, l'un dans l'Alsace et l'autre au camp de Saint-Omer, voyages où l'enthousiasme à 15 sous par tête se pressa de tous côtés sur son passage; mais si c'est là toute l'énumération de ses hauts faits personnels, ce n'est pas là malheureusement tout ce qu'ont fait les ministres anti-français auxquels ce monarque inepte accorda sa confiance.

Avant de passer toutefois au récit des événemens graves qui se sont passés sous ce règne à la fois cagot et débile, insérons ici un extrait du livret des chasses de Robin des bois. Ce sont là de ces traits de caractère qui peignent l'homme beaucoup mieux que tous les détails possibles,

Service d'honneur.

(Personnel.)

Grand-veneur , ... 50,000 f.
1er veneur , ... 25,000 f.

Chasse au courre.

Le commandant de la venerie, 12,000 f.
2 lieutenans de venerie , . . 16,000 f.
Lieutenant honoraire, . . . 5,000 f.
Second page , ... 4,000 f.

Chasse au tir.

Lieutenant de chasse au tir, 8,000 f.
Porte - arquebuse , ... 6,000 f.
Administration (personnel), 17,380 f.
Matériel (frais de bureau) , . 4,000 f.
Chirurgie , 1re classe, . . . 6,000 f.
Médicamens , ... 1,000 f.
Contrôle, ... 24,000 f.
Matériel du contrôle, ... 1,900 f.

Chasse au courre.

(Personnel).

77 personnes, depuis les pi-
queurs aux appointemens de
5,000 f. et 2,000 f., jusqu'au

portier-balayeur, appointé
de 900 f. . . . . 80,050 f.
Frais de découcher pour les
gens , ... 5,710 f.

Habillement de la livrée.

L'habit de piqueur revient à
417 f. ; le montant de l'ha-
billement pour une année
est de . . . . 26,217 f.
Achat et remplacement de
chevaux, ... 22,000 f.
Nourriture de chevaux, . . . 61,573 f.
Ferrage et médicamens, . . . 4,320 f.
Sellerie, couvertures, usten-
siles, éperonnerie, ... 45,870 f.
Entretien des caissons et voi-
tures, ... 4,600 f.
Achat de chiens , ... 6,000 f.
Nourriture de chiens, . . . 6,700 f.
Toiles et panneaux, entre-
tien , ... 3,600 f.
Frais de prises, ... 4,200 f.
Entretien des couteaux de
chasse , ... 225 f.
Achat et entretien du linge , 1,336 f.
Chauffage, ... 5,837 f.

Chauffage des rendez-vous de
chasse, ... 1,565 f.
Transport des cerfs, biches ,
chevreuils , etc., ... 6,000 f.

Chasse au tir.

(Personnel).

Depuis le porte-arquebuse aux
appointemens de 2,400 f.,
jusqu'au palfrenier à ceux
de 900 f., ... 13,560 f.
Frais de découcher pour les
gens , ... - . . . . 6,000 f.

Matériel.

Habillement , ... 4,215 f.
Remplacement de chevaux, 4,000 f.
Nourriture de chevaux, . . . 9,040 f.
Ferrage et médicamens, . . . 624 f.
Eellerie , éperonnerie , ... 1,845 f.
Sntretien de voiture , ... 2,000 f.
Achat de chiens, ... 500 f.
Nourriture de chiens, ... 900 f.
Réparation d'armes , ... 1,500 f.
Munitions , ... 2,000 f.
Entretien du linge, ... 500 f.

Bois de chauffage, ... 1,238 f.
Nourriture du petit gibier , . 100,000 f.
Frais de batteurs, ... 14,000 f.
Frais de contrôle pour les
    animaux nuisibles , ... 3,600 f.

Dépense générale.

(Personnel).

Idemnités d'habillement aux
    officiers , ... 6,400 f.
Frais de poste, ... 5,102 f.

Matériel.

Loyers des bureaux, ... 6,000 f.
Nourriture du fauve, qui né-
    cessite 80,000 bottes de
    fourrage, à 50 fr. le cent, 24,000 f.
Achat de voitures, ... 4,400 f.
Dépenses imprévues , ... 20,468 f.
Dépenses extraordinaires, . . 16,000 f.

Total . . . . 695,595 f.

Ainsi donc , pendant les cinq
années qu'a duré le règne de Char-

les X , la France a contribué à ses plaisirs de chasse pour plus de 4 millions! Et c'est le petit - fils de Henri IV qui dépensait par an 124,000 f. pour nourrir des animaux, quand son peuple mourait de faim !

Proh pudor !

Mais aussi, comme la comptabilité de ces animaux était bien tenue ! Quelle exactitude! quelle régularité dans les comptes ! On savait jour pour jour, au bout de l'année, de combien de bêtes et d'oiseaux Sa Majesté avait dépeuplé le royaume ; on n'eût pas même oublié un hanneton, et ce second tableau nous paraît devoir mériter les honneurs de l'impression. On ne saurait trop multiplier d'aussi belles choses......, Que les bulletins d'Austerlitz et d'Jéna sont petits, loin de la récapitulation générale des tirées du roi dans une année !

Faisans. 3,625
Perdrix rouges. 115
Perdrix grises. 1,475
Bécasses. 8
Bécassines. 4
Rale. 1
Cailles. 46
Grives. 12
Tourterelles. 2
Merles. 8
Alouettes. 15
Rossignols. 2
Geais. 52
Corneille. 1
Lièvres. 462
Lapins. 4,871
Biches. 48
Daims. 29
Faon. 4
Chevreuils. 180
Sangliers. 48
Renard. 1
Rats. 2

Total, 11,408 pièces.

Quelle glorieuse et giboyeuse royauté ! Quelle Saint-Barthélemi de lapins ! Aussi, ne peut-onlaisser dans l'oubli les noms des fidèles compagnons du grand chasseur, et les chiens méritent aussi une part dans l'histoire.

César, Lindor, Fripon, Polidor, Diamant, Pelote, sont tous de compagnie d'élite.

Et c'est dans l'ivresse du triomphe que le royal flibustier recevait en audience les comtes Charles de Beaumont, d'Harcourt, de l'Aigle, le duc Cretton, le marquis de Lagrange, le comte Hocquart, le vicomte de Melville et trente autres puissans seigneurs; et le roi a bien voulu leur accorder la permission de porter la livrée de ses chasses.

Porter la livrée des chasses d'un pareil roitelet ! Quel cachet de stupidité ces mots impriment au règne de l'homme à la meute.

Et voilà tout ce que le dernier roi de France savait faire.

« Dieu, d'un prince chasseur nous garde à l'avenir. »

Mais détournons les yeux des pitoyables amusemens d'un monarque sans âme et sans foi, et reportons notre attention sur les mesures liberticides qu'on lui faisait aveuglément signer pour museler les hommes, tandis que lui passait toutes les journées à tuer ou à estropier les paisibles habitans de ses forêts royales.

En 1826, apparaît signé Charles, le fameux projet de loi sur le droit d'aînesse ; la chambre des députés, alors composée de membres serviles et gloutons, adopte ; mais la chambre des pairs en fait justice.

En 1827, les sottises augmentent, pullulent. Alors paraît cette loi de vol et de baillons, si impudemment qualifiée de loi de justice et d'amour ; la chambre fait la grimace, et le roi, un beau matin, en

6*

revenant de la chasse, est obligé d'envoyer retirer la loi, pour ne pas s'exposer à un affront public.

Je ne parlerai pas de ces capucinières nombreuses, qui ont si long-temps rongé le cœur du royaume sous le bon privilége du roi ; je ne supputerai pas les aggrégations, congrégations, affiliations, couvents d'hommes, de femmes, de capucins, moines, dominicains, ignorantins, trapistes, célestins, franciscains, frères du sacré cœur, pères de la foi, de la mission, de la merci, enfans d'Ignace, et autres hordes de fainéans et de grugeurs qui, au mépris de la loi non abrogée qui les avait supprimés, pullulaient dans notre malheureuse patrie, et s'engraissaient de la sueur du malheureux ; sueur qu'ils mendiaient quand ils n'étaient pas parvenus à l'extorquer.

Je ne parlerai pas de cette fournée de soixante-treize pairs, aux-quels on vient de rendre si belle et si bonne justice en les mettant à la porte.

Je ne parlerai pas de cette bril-lante et dernière revue de la garde nationale. Jamais plus beau soleil n'avait éclairé plus belle fête ; le peuple parisien, qui ne demande qu'à aimer ses rois, remerciait Charles par des *vivat* nombreux d'avoir re-tiré la fameuse loi de justice et d'a-mour; mais au cri de *vive le Roi!* se mêlent quelques cris : *A bas les ministres!* et S. M. répond arro-gamment qu'elle était venue pour recevoir des hommages et non pas des conseils. Des hommages!..... à lui!..... Brave peuple de Paris, heu-reusement que tu as pris ta re-vanche! et le lendemain, avec une brutalité sans exemple, S. M. li-cencie la garde nationale....; Avant de partir pour la chasse..... licen-cier la garde nationale..... pauvre sire!..... mais elle a pris sa revanche aussi ; il n'y a rien à dire.

Je ne parlerai même pas de ces jeunes élèves, l'espoir de la future génération, sabrée sur le quai des Orfèvres pour avoir sifflé un professeur de médecine qui avait concouru à la chaire de Mont-Rouge, au lieu de concourir à celle de Paris.

Je ne parlerai pas des citoyens fusillés, massacrés, éventrés dans la rue Saint-Denis, pour avoir séditieusement illuminé le jour de la nomination des députés libéraux dans la capitale.

Tout cela n'était que le prélude de ce qu'on réservait à notre malheureuse patrie, de toutes les gentillesses féodales que Robin-des-Bois projettait entre deux chasses. Cependant la congrégation, qui menait le grand chasseur par le bout du nez, jugea apparemment

que la poire n'était pas mûre, ou
que les yeux du Français étaient
trop ouverts pour le moment. On
jugea convenable de louvoyer; Vil-
lèle, Corbière et Peyronnet ces-
sèrent enfin leurs fonctions, et un
ministère mixte les remplaça.

Ce ministère anodin, dont M. de
Martignac était le général en chef,
permit enfin aux Français de reprendre quelques instans haleine; mais ce
calme trompeur n'était qu'une tac-
tique employée par le jésuitisme royal
Nous en profitâmes cependant pour
rendre la loi des élections plus honnête et moins facile à frauder qu'elle
ne l'avait été sous le ministère dé-
plorable : c'est à ce résultat que se
bornèrent M. de Martignac et compagnie; et peut-être Charles et les
congréganistes trouvèrent que c'é-
tait déjà beaucoup trop, car, dès
les premiers jours d'août 1829, on
s'empressa de congédier tous les
modérés; et le fameux Polignac,

qui, depuis quinze ans, courait après un portefeuille, finit enfin par mettre la main dessus.

On a dit que ce Polignac, auteur de la machine infernale, et grâcié par Napoléon, était un bâtard de Charles X. Ceci est plus facile à dire qu'à prouver; mais un fait sur lequel on s'accordera parfaitement, c'est que s'il n'est pas réellement le fils du monarque chasseur, il était digne de l'être. Ils ont montré tous deux une ignorance des affaires, une ineptie, une opiniâtreté tellement égales, que l'on est tenté vraiment de s'écrier, quoique réellement sans preuves authentiques : *tel père, tel fils.*

Quoi qu'il en soit, bâtard ou non du roi de France, voici ce Polignac, dont, depuis six ans, on nous faisait un épouvantail; voici ce Polignac à la tête du ministère, et son arrivée est expressive; elle dit tout. Nous ne devons plus être que les esclaves, les vassaux de Rome et de l'Angleterre ; la contre-revolution marche à pas de géant, et Charles part tous les jours pour la chasse, le cœur rempli des plus douces espérances...

Mais voici bien autre chose d'extraordinaire. Ne voilà-t-il pas qu'un jour (sans doute un jour où la pluie l'avait empêché d'aller à la chasse), S. M. se rappelle que le dey d'Alger, qui doit, comme chacun le sait, être un homme très-poli, s'est permis de donner un coup de chasse-mouche sur le nez du consul de France. Polignac lui souffle à l'oreille que si l'on pouvait prendre Alger sous son règne, cela réduirait les libéraux au silence, et qu'en outre cela le rendrait, lui Charles X, cinq à six fois plus grand que Napoléon ; et le roi, habitué à écouter Polignac comme un oracle, déclare sur-le-champ que notre pavillon a été insulté, que le dey est un barbare sans procédés; qu'il est temps de débarrasser les mers de ce nid de forbans, et surtout qu'il est urgent de nommer Bourmont général en chef, attendu que rien ne fait plaisir à de braves soldats comme d'être commandé par un traître.

L'expédition d'Alger eut lieu, et elle réussit. La France n'en doutait pas, car jamais la France n'a douté de ses enfans; et ce triomphe fut encore suivi d'une injustice. Les trois quarts de la réussite, en fait de chefs, appartenait au moins au vice-amiral Duperré; il ne fut nommé que pair de France, et l'on décerna le bâton de maréchal à Bourmont... Mais aussi Bourmont avait déserté l'armée française la veille de Waterloo pour passer à l'ennemi, et la cour n'était plus faite que pour ces gens là.

Pendant que nos braves répan-

daient leur sang sur les côtes d'A-
frique, la chambre avait été convoquée ; et, dès l'ouverture de la
session, elle avait, dans une adresse
ferme mais respectueuse, servant
de réponse au discours de la couronne, déclaré que la chambre ne
refusait pas le concours de ses travaux à Sa Majesté, mais qu'il lui
était impossible de marcher avec un
ministère tel que le sien. Cette
adresse, toute la France a pu la
lire, et toute la France sait bien
qu'elle ne contenait rien d'offensant
pour le monarque, mais bien la dé-
claration que le ministère était totalement incompatible avec la nation. Qu'aurait dû faire, en pareil
cas, un monarque sage et prudent ?
dissoudre simplement la chambre
afin d'apprendre, par les nouvelles
élections, si véritablement les 221
députés votans de l'adresse repré-
sentaient la majorité de la France.
Charles X en agit autrement ; il

cassa la chambre, il est vrai, mais ce fut après avoir déployé son orgueilleuse colère et avoir répondu *que sa volonté était immuable.*

Le ministère plus furibond encore, et non moins incapable, se flatta que la prise d'Alger, et l'aide de tous les moyens de corruption qu'il pourrait employer, feraient tourner la chance en sa faveur. Une nouvelle chambre fut convoquée; et un beau matin le grand chasseur apprit, en revenant de la forêt de Compiègne, que la France avait, à son tour, déclaré par les élections *que sa volonté était immuable.*

\#

CHAPITRE VI,

CHUTE DE CHARLES X.

Ainsi donc malgré les fraudes, les abus du pouvoir, les destitutions, les violations du secret des votes, et mille autres vexations dont le ministère s'était montré si largement prodigue, la France indignée avait renvoyé à la chambre deux cents cinquante-six députés constitutionnels, parmi lesquels se trouvaient, à sept ou huit près, les deux cents vingt-un qui avaient voté l'adresse: Le ministère furieux, poussé à bout, et voyant que la volonté *immuable* du roi va être obligée de fléchir, prend la résolution de jouer le tout pour le tout ; mais toujours hypocrite, toujours jésuite, il dissimule jusqu'au dernier moment, fait envoyer le 23 juillet des lettres closes aux pairs et aux députés pour l'ouverture des chambres, et le dimanche 25 (deux jours après seulement) offre à la signature du roi trois ordonnances qui à elles seules déchirent la Charte toute entière. Le roi les lit, et toujours incapable, toujours l'esprit bouché, les signe sans observation, et part pour la chasse.

On connaît ces ordonnances, qui ont jeté une tache sanglante et ineffaçable sur un prince que jusque-là on s'était contenté de ranger dans la classe des rois fainéans. L'histoire, en les lisant, jugera ce que fut le Français qui osa les signer, et les hommes, sans doute plus coupables encore, qui les rédigèrent, les conseillèrent et les contre-signèrent.

Charles était loin de se douter qu'il venait de signer sa déchéance.

Rien ne peut exprimer la consternation qui leur répandit dans la capitale lorsque l'on publia ces infâmes ordonnances. Dès le jour même de leur publication, toute la ville était morne et silencieuse ; une indignation profonde s'était emparée de tous les cœurs ; les journalistes s'étaient réunis pour déclarer qu'ils ne se soumettraient pas à ces illégalités ; et les ateliers, en se fermant spontanément, venaient de laisser au sein de la capitale cinquante mille ouvriers sans ouvrage, et forcés de reconquérir leurs travaux, qu'un gouvernement oppresseur venait d'anéantir en une minute. Cette dégoûtante tyrannie était plus que cruelle : on y trouvait quelque chose de bas et d'avilissant qu'il était impossible de supporter, et chacun sentit que le moment était arrivé où la résistance allait devenir le plus impérieux des devoirs.

La matinée du 27 fut assez tranquille; mais, vers les quatre heures, des gendarmes, des gardes royaux parurent, et l'aspect de ces satellites brutaux de la royauté, ainsi que la vue des premières victimes, exaspèrent tous les esprits, et provoquent une première explosion. Le sang français a rougi le pavé des rues de Paris, la résistance s'organise; le peuple court aux armes, se porte en foule à la place de la Bourse; les gendarmes sont désarmés, les réverbères sont brisés, des corps-de-garde incendiés, et l'on se prépare pour le lendemain.

Le 28, jour d'un deuil mémorable et glorieux, dès le point du jour chacun est à son poste; chacun a senti que le gant est jeté, qu'il n'est plus temps de reculer d'un pas, que tout arrangement, toutes transactions sont devenus impossibles : il faut vaincre ou mourir, et personne ne recule devant cette idée. Dès le matin, les insignes royaux sont partout arrachés, partout on en fait des monceaux auxquels on met le feu. La troupe veut en vain réprimer l'effervescence qui est à son comble; en vain l'autorité expirante déploie-t-elle des forces imposantes contre des hommes à peine armés et dans la plus grande confusion, le peuple ne lâche point pied; on force les boutiques des armuriers, on désarme les postes, on court dans les ateliers s'armer de pioches, de haches, de cognées; les arbres des boulevards sont abattus, les pavés arrachés s'élèvent en redoutes de toutes parts; la fusillade s'engage. Les libertés sont loin d'être sauvées, mais déjà l'on combat pour les défendre.

Cet effrayant désordre est plus puissant que l'ordre lui-même ; on dirait un seul individu, surpris par un péril éminent, auquel le seul instinct de sa conservation vient d'inspirer un mouvement spontané auquel il doit la vie.

Alors réapparaît cet habit si brutalement proscrit par Charles X; la garde nationale a retrouvé son uniforme et ses armes. Quel spectacle imposant et noble, que celui de pères de famille abandonnant leurs foyers domestiques, se dérobant aux instances de leurs épouses, aux caresses de leurs enfans, pour voler à la conquête des droits dont ils veulent leur assurer l'héritage. *Vive la Charte* est le mot d'ordre et le cri de bataille ; et Lafayette, ce vétéran de la liberté des deux mondes, Lafayette rajeuni par ce jour de gloire, prend sur lui la glorieuse mission d'organiser l'héroïsme populaire.

Chaque rue de Paris devient un champ de bataille, le sang coule de tous côtés, c'est à qui prendra part à cette grande œuvre de régénération politique. Le Français a retrempé son âme d'une énergie toute nouvelle, et les fils des héros de 89 inscrivent à leur tour leurs noms sur les registres des fastes de l'héroïsme.

La nuit vient étendre son crêpe sur les nombreuses victimes et du patriotisme, et d'une fausse discipline militaire.... Les détonations meurtrières ne se font plus entendre qu'à de longs intervalles ; mais le peuple ne s'endort pas ; il veille à sa sûreté. On double les barricades, on improvise des redoutes, et on veille toute la nuit.

Le 29, le combat recommence ; mais ce n'est plus le peuple qui se défend, c'est lui qui attaque ; l'artillerie, la ligne, les lanciers, la

garde royale mitraillent à bout por-
tant des masses qui ne reculent un
moment que pour attaquer avec
plus d'intrépidité. Enfin la cause
de la liberté triomphe ; les casernes,
les ports, le Louvre, les Tuileries,
tout a été enlevé successivement,
tout se trouve au pouvoir des braves
Parisiens. L'école polytechnique,
les écoles de droit et de médecine
ont montré le sang-froid et le courage de vieux généraux, et le peuple
lui-même, ce que les voltigeurs de
Louis XIV appelaient dédaigneu-
sement *la canaille*, le peuple se
montre partout admirable, et fait
lui-même justice de quelques misérables qui, profitant du désordre,
s'étaient emparés de différens ob-
jets de valeur.

Et qu'étaient devenus les fonc-
tiounaires royaux de la veille, ministres, préfets, généraux, tous ces satellites d'un pouvoir détesté avaient
honteusement pris la fuite. Après

avoir engagé la guerre civile, ils abandonnèrent lâchement les malheureux qui, séduits par leurs promesses, se sacrifiaient encore à leurs ordres sanguinaires.

Tout était fini ; le drapeau national flottait partout ; Charles X avait régné, mais hélas ! que de victimes ! Des misérables exploitant la faiblesse et le fanatisme d'un roi sans capacité, avaient dit : « Que la France périsse ! n'importe, pourvu que nous restions debout... » Que le sang retombe sur leurs têtes ! Et quel dommage, qu'une monarchie vieillie, usée, sans splendeur et sans gloire, n'ait pu être anéantie qu'en faisant couler tant de pleurs dans la France !

Et que faisait Charles X, pendant ces journées de deuil et de carnage ? il s'était fourré dans la tête que Louis XVI n'avait péri que par suite de sa trop grande bonté, et il s'était bien promis de ne pas tomber dans ce défaut-là. Il s'était persuadé que l'obstination était absolument la même chose que le caractère, et tel événement qu'il arrivât, il se voyait parfaitement à l'abri de toute espèce de danger.

En conséquence, le 27, au retour de la chasse, il dîna et se mit tranquillement à sa partie de wisk.

Le 28, il remet à donner des ordres pour arrêter le massacre du peuple jusqu'à la fin des offices auxquels il allait assister ; et quant on le supplie de rappeler ses troupes, digne héritier de ce Charles IX de détestable mémoire, il répond en mettant Paris en état de siége par l'ordonnance suivante :

Charles, par la grâce de Dieu, etc..., à tous ceux qui ces présentes verront, salut : vu les art. 53, 101, 102, et 103 du décret du 24 décembre 1811 ;

Considérant qu'une sédition intérieure a troublé, dans la journée du 27 de ce mois, la tranquillité de la ville de Paris,

Notre conseil entendu,

Nous avons ordonné et ordonnons ce qui suit :

Art. 1.er. La ville de Paris est mise en état de siége.

Art. 2. Cette disposition sera publiée et exécutée immédiatement.

Art. 3. Notre ministre-secrétaire d'état de la guerre est chargé de l'exécution de la présente ordonnance.

Donné en notre château de Saint-Cloud, le 28e jour du mois de juillet de l'an de grâce 1830, et de notre règne, le sixième. Signé Charles, et contresigné deux fois Polignac.

Le 29, voyant la mauvaise tournure que prenaient les affaires pour lui, il rapporta ses ordonnances, cassa son ministère, nomma M· de Mortemart président du conseil et le gén^al. Gérard ministre de la guerre; M. de Mortemart, chargé de porter ces propositions à Paris, dormait; il fallut l'éveiller, il fallut qu'il s'habillât, et, pendant ce temps-là, le peuple prenait les Tuileries, la couronne était brisée, et les propositions de l'ex-roi n'obtinrent qu'un sourire de mépris de la part des députés.

Les soldats refusaient de se battre; à chaque minute on craignait de voir arriver les Parisiens.... Il fallut partir.

*

CHAPITRE VII.

DÉPART, VOYAGE ET EMBARQUEMENT

DE CHARLES X.

Charles quitta Saint-Cloud et se rendit à Versailles; l'accueil qu'il y reçut le détermina à pousser jusqu'à Rambouillet. Arrivé là, il demanda à la commission municipale de Paris des commissaires pour l'escorter jusqu'à sa sortie de France. La commission se hâta de souscrire à ce qu'il désirait, et nomma MM. Odillon-Barot, de Schonen, le maréchal Maison, et MM. Jacqueminot et de Coigny.

Mais pendant le court intervalle de la demande et de l'envoi des commissaires, je ne sais quelle nouvelle lueur d'espérance avait brillé aux yeux de Sa Majesté déchue;

elle refusa brutalement sa porte aux délégués de Paris; on poussa même la sottise et l'insolence jusqu'à tirer sur un parlementaire.

La nouvelle de ces dernières extravagances du roi parvint dans la capitale, et comme il paraissait vouloir rester à Rambouillet, sans doute afin d'aller plus long-temps à la chasse, on jugea convenable de l'effrayer un peu, afin d'accélérer son départ, et l'on demanda 500 hommes de bonne volonté par mairie pour aller à Rambouillet.

On avait demandé 6,000 hommes de bonne volonté; le soleil, en se levant, en trouva 25,000 de campés près de la ville où Charles X voulait absolument rester. Il reconnut alors qu'il avait fait, comme à son ordinaire, encore une sottise, en refusant de recevoir les commissaires qu'il avait demandés; il fut obligé de revenir sur ses pas et de faire amende honorable....

Charles et sa famille quittèrent

donc Rambouillet le mardi 3 août,
à dix heures du soir.

Peu de temps après son départ,
300 volontaires seulement pénétrè-
rent dans Rambouillet ; du reste, aucun désordre, aucun dégât ne furent
commis, seulement on trouva ori-
ginal de s'emparer de quelques voitures de la cour, afin de s'en servir
pour rentrer en triomphe dans la
capitale.

En quittant Dreux, les Bourbons
se dirigèrent vers Maintenon ; partout sur leur passage régna un silence froid et profond. Il était facile
de s'apercevoir que la conduite de
l'ex-roi de France lui avait aliéné
tous les cœurs, et que l'on n'accor-
dait pas à son infortune et à sa vieil-
lesse les regrets et la pitié qui avaient
jadis accompagné Louis XVIII en
pareille circonstance.

Ce fut à Rambouillet qu'il rédi-
gea l'acte d'abdication jésuitique
dont Philippe donna connais-

sance aux Chambres. Il était ainsi conçu : « A son Altesse Royale Philippe d'Orléans, lieutenant-général du royaume.

Rambouillet, ce 2 août 1830.

Mon cousin, je suis trop profondément peiné des maux qui affligent ou qui pourraient affliger mes peuples, pour n'avoir pas cherché un moyen de les prévenir. J'ai donc pris la résolution d'abdiquer la couronne en faveur de mon petit-fils le duc de Bordeaux.

« Le dauphin, qui partage mes sentimens, renonce aussi à ses droits en faveur de son neveu.

« Vous aurez donc, en votre qualité de lieutenant-général du royaume, à faire proclamer l'avénement de Henri V à la couronne. Vous prendrez, d'ailleurs, toutes les mesures qui vous concernent pour régler les formes du nouveau gouvernement pendant la minorité du nouveau roi. Ici je me borne à faire connaître ces dispositions ; c'est un moyen d'éviter encore bien des maux.

« Vous communiquerez mes intentions au corps diplomatique, et vous me ferez connaître le plus tôt possible la proclamation par laquelle mon petit-fils sera reconnu roi, sous le nom de Henri V.

« Je charge le lieutenant-général comte de Foissac-Latour de vous remettre cette lettre. Il a ordre de s'entendre avec vous pour les arrangemens à prendre en faveur des personnes qui m'ont accompagné, ainsi que pour les arrangemens convenables pour ce qui me concerne et le reste de ma famille.

« Nous réglerons ensuite les autres mesures, qui seront la conséquence du changement de règne.

« Je vous renouvelle, mon cousin, l'assurance des sentimens, etc.

CHARLES.

LOUIS-ANTOINE.

Cet acte d'abdication fit hausser les épaules à tous les hommes éclairés, On trouva fort drôle que des princes qui avaient eux - mêmes déchiré le seul contrat qui existât entre eux et la France, se crussent encore le droit de déléguer un pouvoir qui ne leur appartenait plus, et à qui ? A un enfant dont la légitimité avait toujours été plus qu'équivoque ; aussi la chambre ne tint-elle aucun compte de cet acte absurde.

Charles X arriva à Dreux. La ville avait arboré le drapeau tricolore ; la garde nationale occupait les avant-postes, et avait arrêté déjà les officiers chargés de préparer les logemens. Mais les commissaires parurent, et devant leur écharpe tricolore on vit s'ouvrir toutes les barrières. Entourés par la garde nationale, ils lui annoncent que les hostilités sont terminées, que Charles X n'est plus le souverain du pays, mais qu'il est malheureux, et qu'à ce titre il a droit à tous les égards. A ces mots, les habitans de Dreux protestèrent de leur adhésion, et poussèrent la délicatesse jusqu'à dissimuler, autant que possible, les cocardes tricolores sur le passage de l'ex-roi, afin de ne pas le blesser.

Quel exemple !

En arrivant à Dreux, Charles pleurait; ce n'était pas seulement de la douleur, c'était ce désespoir immodéré qui résulte de la faiblesse du caractère. La dauphine était moins abattue; la duchesse de Berri était morne et silencieuse ; les enfans jouaient, et le dauphin avait son air habituel, plat et insignifiant comme son esprit.

Le désespoir du roi ne lui avait pas empêché d'emporter des provisions; les troupes qui l'accompagnaient n'avaient pas mangé depuis quarante-huit heures, mais la famille royale ne s'était laissé manquer de rien.

A partir de Dreux , le titre de sire et de majesté fut donné au duc de Bordeaux. Charles et le dauphin prêchèrent d'exemple les premiers, et cette plaisanterie royale, si peu de saison , ne contribua pas peu à égayer les fonctionnaires placés à la porte de leur maison pour en écarter la foule ; précaution fort inutile, car à peine si quelques passans s'y arrêtaient plus d'une à deux minutes.

De Dreux, on s'avança lentement vers le lieu de sa destination, dans l'ordre suivant :

Trois pièces d'artillerie , deux compagnies de gardes - du - corps, Charles X et le duc d'Angoulème, à cheval. Dans une voiture qui suivait se trouvaient Madame la duchesse d'Angoulème, Madame, duchesse de Berry, le duc de Bordeaux et Mademoiselle ; puis venaient quelques voitures de suite, dans lesquelles on crut avoir reconnu MM. d'Haussez et Montbel ; deux autres compagnies des gardes-du-corps fermaient le cortége.

On marchait au pas et dans le plus profond silence. Dans les villes et villages que l'on traversait, aucun cri ne se faisait entendre, et la population se découvrait.

Ce fut dans cet ordre que l'on arriva le jeudi soir, 5, à Verneuil.

Le 7, l'ex-roi Charles X est arrivé à Laigle, à une heure de l'après-midi ; il était escorté de douze cents hommes des gardes-du-corps et gendarmes d'élite, et de deux pièces de canon.

Toute la population de Laigle est constitutionnelle ; mais elle a comprimé l'expression de ses sentimens habituels de patriotisme. Les cris de *vive la Charte* ne se sont pas fait entendre ; et en effet, c'était pitié que de voir Charles X verser des larmes, passant ainsi d'un excès de confiance au droit divin et en son armée, aux démonstrations les plus patentes du regret et du désespoir.

Le duc de Raguse était à la tête de l'état-major. Il avait été question de passer par Caen, mais on apprit que ce ne serait pas sans danger que Marmont pourrait se présenter dans cette ville.

Les gardes-du-corps qui formaient l'escorte, appartenaient aux compagnies de Croï, de Luxembour de Noailles et de Grammont.

Son Exc. le Cardinal duc de Latil, ex-ministre de France, ex-archevêque de Reims, avait pris les devants pour préparer les appartemens à la majesté déchue : il s'était embarqué le 6 à Calais, pour l'Angleterre ; son passeport portait : « M. de Latil, âgé de 70 ans, propriétaire français, avec un domestique.

Quant à l'ex-roi, marchant à très-petites journées, comme il en était convenu avec M. Despinois, il ne se trouvait, le 9, encore, qu'à Argentan. Les gardes nationales de Vire, de Falaise, savaient le motif de cette lenteur; ayant à leur tête le général Remond, délégué du gouvernement, elles firent savoir à Charles X qu'un plus long séjour de sa part sur le territoire français pourrait compromettre la sécurité publique.

Le dauphin, qui entendait la messe, se prit d'épouvante en apprenant l'arrivée du général Remond, et se sauva par la porte de la sacristie.

On arriva à Cherbourg. MM. de Schonen et Odillon – Barrot y avaient précédé les fugitifs ; on les vit arriver : toute la vaine pompe des décors était alors réservée pour la voiture de Henri V, le prétendu roi de France, qui s'y trouvait avec sa sœur et sa mère, la duchesse de Berry, en costume d'amazone, chapeau d'homme, et des pistolets à la ceinture. L'on remarquait, dans ce triste cortége, des quidams au teint bilieux, aux traits vulgaires, qui venaient à pied dans des costumes d'ouvriers. C'étaient ces ex-jésuites, qui, ayant fait la joie de Charles X durant son règne, allaient avec lui fonder une confrérie et s'y cloîtrer.

Le lundi, 16 août, à quatre heures, Charles est enfin embarqué ; il avait écrit au roi d'Angleterre, Guillaume, afin d'être reçu dans ses états : mais Sa Majesté, toute constitutionnelle, a répondu formellement que ses liaisons intimes avec la France l'empêchaient de souscrire à cette demande.

Le 17, à deux heures de l'après-midi, on a signalé à Portsmouth la présence du *Great-Britain* et du *Charles-Carroll*, qui faisaient voile pour entrer dans la rade.

On savait que Charles X, sa famille et sa suite, étaient à bord de de ces navires. Bientôt les environs du port furent tout couverts de monde ; des avis répandus avec profusion, affichés partout, invi-

tèrent le peuple à prendre les couleurs nationales françaises, dans le
cas où le roi parjure débarquerait,
pour lui faire connaître les sentimens du peuple anglais. Déjà tous
les habitans portaient la cocarde
tricolore au chapeau, et les dames s'é-
taient parées de nœuds de rubans aux
trois couleurs ; on arbora le drapeau
français à une grande quantité de
maisons, et on attendit ainsi le résultat des ordres du gouvernement.

Les deux navires entrèrent en
rade sous pavillon américain ; un
canot fut immédiatement détaché,
et vint à terre avec un officier su-
périeur de la suite de l'ex-roi.

Le roi demanda à débarquer. On
lui répondit que comme simple
particulier il pouvait prendre terre
partout où il voudrait en Angleterre, mais qu'on croyait devoir le
prévenir, dans son intérêt, qu'il ne
serait peut-être pas prudent qu'il
descendît à Portsmouth dans l'état
d'effervescence et d'irritation où se

trouvaient les habitans de cette ville ; qu'on l'engageait à se diriger vers un autre point où la population serait moins exaspérée.

Charles X parut, dit-on, très affecté de cette réponse ; mais l'idée des dangers qu'il courait, s'il persistait à descendre, le décida.

Quand on connut la réponse du roi, on lui envoya un remorqueur royal, qui conduisit les deux navires à Cowes, où ils se sont arrêtés, en attendant des nouvelles de Londres ; l'ex-roi a retrouvé là la corvette *la Cérès* et un cutter français avec pavillon tricolore. — La duchesse de Berri, qui était très malade de la mer, est descendue à terre pour consulter un médecin.

CONCLUSION.

Nous terminerons ici cette esquisse rapide et véridique des principaux faits qui ont signalé l'existence et le règne de Charles X. La faiblesse et le bigotisme de son caractère ont attiré sur sa tête les calamités dont il est aujourd'hui la victime ; et sa chute, si promptement amenée, sans complot, sans préparation, sans machinations ténébreuses, doit apprendre aux souverains de notre siècle que le temps de l'absolutisme absolu est entièrement passé. Le système représentatif est celui que toutes les nations finiront par adopter, et c'est le seul qui, franchement suivi, puisse assurer à jamais la tranquillité des peuples et des rois. Déjà plusieurs monarques du continent ont reconnu cette nécessité produite par la marche des siècles ; si Charles l'eût comprise, il serait encore sur le trône.

Mais où Charles, qui n'avait fréquenté que l'œil-de-bœuf, la Halle, la Courtille et Coblentz, aurait-il appris l'art de gouverner ? il se crut encore à ce bon vieux temps où les rois avaient droit de vie et de mort sur leurs sujets ; il ne vit qu'innovation, offense dans tous les changemens que trente ans avaient opérés en France : il ne crut pas qu'il fût possible à une cour d'être grande et majestueuse sans les lettres de cachet et les ailes de pigeon ; il fit tout ce qu'il put afin de ramener la poudre, les paniers et les talons rouges : la prêtraille s'empara de toutes les ave-

hües de son esprit et de son trône.
Quand le diable devient vieux, il se
fait ermite, dit le proverbe, et cette
fois encore le proverbe fut vrai.
Charles, dans sa jeunesse, avait
été un libertin; en vieillissant, il
devint cagot. Il trembla devant
son confesseur, et, semblable au
saint roi David qui, ayant péché, appela la peste sur son peuple pour racheter son péché personnel, le roi de France et de
Navarre, pour faire pénitence de
ses vieilles sottises, fit fondre sur
nous les jésuites, les censeurs,
les mouchards et les gendarmes.
Je crois que la peste du roi David
eût été préférable.

Enfin les fléaux, tels terribles
qu'ils soient, n'ont qu'un temps.
Les jésuites, les censeurs, les
gendarmes, disparurent, et Charles par-dessus le marché... Que
le ciel soit loué! je ne veux pas
la mort du pécheur... Puisse l'ex-

roi de France se trouver bien où il sera ! c'est le vœu le plus sincère que je puisse former ; du reste, bien ou mal, qu'il y reste : voilà le principal, et les Français n'en demandent pas davantage.

FIN.